Pavel Ermolin

Interaktionen mit öffentlichen Displays: Forschungsstand und offene Fragen

GRIN Verlag

Bibliografische Information der Deutschen Nationalbibliothek:

Die Deutsche Bibliothek verzeichnet diese Publikation in der Deutschen National-
bibliografie; detaillierte bibliografische Daten sind im Internet über http://dnb.d-
nb.de/ abrufbar.

Impressum:

Copyright © 2011 GRIN Verlag GmbH
Druck und Bindung: Books on Demand GmbH, Norderstedt Germany
ISBN: 978-3-656-23105-9

Dieses Buch bei GRIN:

http://www.grin.com/de/e-book/196920/interaktionen-mit-oeffentlichen-displays-
forschungsstand-und-offene-fragen

GRIN - Your knowledge has value

Der GRIN Verlag publiziert seit 1998 wissenschaftliche Arbeiten von Studenten, Hochschullehrern und anderen Akademikern als eBook und gedrucktes Buch. Die Verlagswebsite www.grin.com ist die ideale Plattform zur Veröffentlichung von Hausarbeiten, Abschlussarbeiten, wissenschaftlichen Aufsätzen, Dissertationen und Fachbüchern.

Besuchen Sie uns im Internet:

http://www.grin.com/

http://www.facebook.com/grincom

http://www.twitter.com/grin_com

Interaktionen mit öffentlichen Displays: Forschungsstand und offene Fragen

Pavel Ermolin

Institut für Informatik,
Universität Augsburg, Universitätsstraße 6a, D-86159 Augsburg

Zusammenfassung. In dieser Arbeit werden am Anfang ausgewählte Forschungsprojekte und Studien aus dem Bereich der Public-Display-Interaktion vorgestellt. Anschließend wird auf offene Fragen und weiteren Forschungsbedarf eingegangen.

Keywords: öffentliche Bildschirme, Public Displays, Interaktion.

1 Einleitung

Public Displays (Großbildschirme im öffentlichen Raum) findet man heutzutage immer öfter (Abbildung 1.1), wir sehen sie an Flughäfen, Bahnhöfen oder Einkaufszentren. Diese Displays sind meistens statisch und werden für Werbe- oder Informationszwecke eingesetzt. Benutzerinteraktionen sind entweder nicht möglich oder stark eingeschränkt. Doch die rasante technologische Entwicklung und das anhaltende Interesse der Forschung schaffen neue Möglichkeiten auch für den Einsatz von Applikationen für Public Displays, die eine direkte oder indirekte Interaktion ermöglichen. Im weiteren Verlauf dieser Arbeit werden einige relevante Arbeiten aus dem Bereich der Interaktion mit öffentlichen Displays behandelt, um einen groben Überblick zum aktuellen Forschungsstand zu vermitteln.

Abbildung 1. Großbildschirme im öffentlichen Raum (Quelle: www.magic.ubc.ca, PSPI)

2 Überblick über relevante Arbeiten

2.1 Mobile Interaktion

Bei der mobilen Interaktion handelt es sich um eine endgerätabhängige und indirekte Interaktionsart. Da Mobiltelefone, Smartphones oder PDA's zum ständigen und unersetzbaren Begleiter vieler Menschen geworden sind, sind sie ein ideales Instrument für die Interaktionen mit öffentlichen Displays.

Ein wichtiger Aspekt ist bei der mobilen Interkation die Übertragungstechnik. Es gibt verschiedene Möglichkeiten, wie die Verbindung hergestellt werden kann. Man kann z.b. GSM, GPRS, EDGE etc. verwenden. So konnten sich die Benutzer in [2] mit TCP/IP über GPRS mit dem Public-Display-Server verbinden, dieses Projekt wird im Laufe dieser Arbeit (Abschnitt 2.2.2) vorgestellt. Eine andere Möglichkeit ist eine Bluetooth-Verbindung. Sie wurde bei dem Projekt *Hermes Photo Display* [3] eingesetzt, hier konnten System-Benutzer Bilder sowohl an den Server senden als auch andere zuvor von Benutzern gesendete Bilder herunterladen. Das größte Problem dabei war, dass manche Mobiltelefone in Reichweite gar nicht gefunden werden konnten, da ein Bluetooth-Gerät nur eine bestimmte Anzahl an gleichzeitigen Verbindungen aufrechterhalten kann. In dieser Hinsicht hat eine WLAN[1]-Verbindung diese Probleme nicht und steht somit für eine zukunftssichere Übertragungstechnik. WLAN wurde beispielsweise im Projekt *Hello.Wall* [4] verwendet. Es wurde ein spezielles Mobilgerät mit Touchscreen namens ViewPort entwickelt, das mit Hilfe von eingebautem RFID-Leser und WLAN-Adapter mit dem Public Display kommunizieren kann.

In folgenden zwei Unterkapiteln werden 2 konkrete Forschungsprojekte vorgestellt, die auf mobiler Interaktion basieren.

2.2.1 WebWall

Die Mehrbenutzer-Kommunikation und –Interaktion spielt bei dem WebWall System [1] eine wichtige Rolle. Hier können Nutzer über das Public Display mit anderen kommunizieren, dabei werden Technologien wie HTTP, Email, SMS und WAP verwendet. Die Entwickler wollten dabei den ersten Schritt vom „desktop-WWW" zum allgegenwärtigen „emdedded WWW" machen und wählten als Hilfsmittel die Public Displays. Bisher gab es wenig Forschungsprojekte zum Thema „Potenzial von öffentlichen Großbildschirmen für Gruppenkommunikation". Eine Interaktionsmöglichkeit wäre eine SMS mit einer Nachricht an ein WebWall System zu schicken (jedes Public Display hat seine eigene feste Nummer), die Nachricht wird dann in Form einer „Notiz" eingeblendet. Eine Verbindung über WLAN oder GSM mit einem bestimmten mobilen Gerät (Laptop, PDA etc.) ist auch möglich.

---

[1] WLAN: Wireless Local Area Network, ein lokales Funknetz.

WebWalls unterstützen unterschiedliche Dienstklassen (*service classes*), sie unterscheiden sich in ihrer Darstellungsart auf dem Großbildschirm und ihrer Funktionalität (siehe Abbildung 2). Die grundlegende Dienstklasse *Note* kann vom Benutzer des Systems dazu verwendet werden, bestimmte Textnachrichten (Textinformationen) auf dem Public Display anzeigen zu lassen, diese sind für alle Nutzer sichtbar. Man kann auf eine Nachricht antworten. Die Antwort wird entweder auch am Display angezeigt oder sie wird dem Benutzer zugestellt, der die Nachricht veröffentlicht hat. Die Nachrichten werden nach einer Zeitspanne vom WebWall-System gelöscht. Multimedia-Dateien (Videos, Bilder) werden von den Dienstklassen *Gallery* und *Video* verwaltet. *Polls* ist für Umfragen verantwortlich, *Auctions* – für Auktionen in Echtzeit, jeder kann durch das Verschicken einer Nachricht mitbieten. Mit der Klasse *Banner* kann Werbung angezeigt werden. Um die Webseiten auf dem Bildschirm anzuzeigen wurde die Klasse *WWW* implementiert.

Die Software-Architektur des Frameworks besteht im Wesentlichen aus 4 Komponenten: dem *Community Management System (CMS)*, dem *Request Generator*, dem *Backend System* und dem *Show Module*.

Durch die konsequente Trennung der einzelnen Komponenten und Dienstklassen bleibt das WebWall System erweiterbar und nicht auf bestimmte Technologien angewiesen.

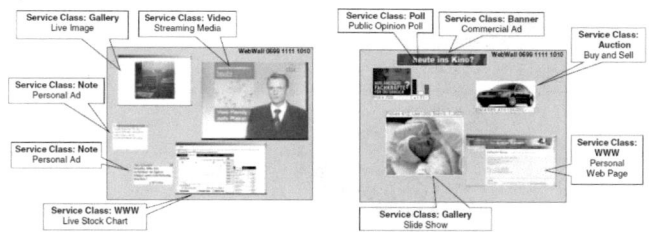

Abbildung 2. Verschiedene Dienstklassen der WebWall [1]

2.2.2 MobiLenin

MobiLenin [2] ist eine interaktive, multimediale Client-Server Anwendung, die den Menschen in der Umgebung erlaubt, mit dem Musikvideo auf dem Public Display zu interagieren. Die Anwendung unterstützt simultane Interaktionen. Die Benutzer des Systems sind immer die Menschen in der direkten Umgebung des Display, und da die Anwendung auf dem Mehrbenutzer-Entertainment basiert, eignen sich Orte wie: Kneipen, Bars und Restaurants, Einkaufszentren usw.

Als Interaktionsmedium (Endgerät) auf der Client-Seite wird ein Mobiltelefon benutzt, wobei es auch andere mobile Geräte denkbar wären. Das MobiLenin-System bietet auch die Möglichkeit an der Lotterie teilzunehmen, bei der ein Nutzer zufällig ausgewählt wird, als Gewinn dient z.B. eine Musik-CD. Das Musik-Video in Anwendung besteht aus 6 Teilen (*tracks*), wobei immer nur ein track sichtbar ist (abgespielt wird), der Hintergrund des Videos bleibt statisch, der Vordergrund (der Künstler selbst) verändert sich. Die 6 tracks sind:

- *Clap*: der Sänger klatscht im Takt der Musik
- *Resign*: der Sänger bewegt sich zu Musik
- *Guitar*: der Sänger spielt die Melodie der Musik, singt aber nicht dabei
- *Sing*: der Sänger singt und spielt Gitarre
- *Crazy*: wie Sing, nur mit einer „verrückten" Performance
- *Skeleton*: der Sänger wird zu einem Skelett, spielt dabei Gitarre und singt

Die Benutzer des MobiLenin-Systems können selber entscheiden welchen Track sie hören möchten. Bei der Abstimmung können sie dazu einfach den Spielmodus am Mobiltelefon auswählen. Auf der Server-Seite werden dann alle Stimmen gezählt und in 6 Sekunden werden die Resultate in grafischer Form am Public-Display angezeigt.

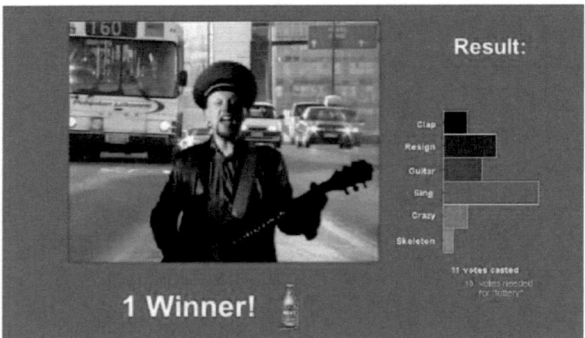

Abbildung 3. Screenshot der MobiLenin-Anwendung [2]

In Abbildung 3 wird ein Screenshot der laufenden MobiLenin-Anwendung mit den Ergebnissen der Abstimmung angezeigt.

Die MobiLenin-Anwendung basiert auf der Client-Server Architektur. Als Client fungiert das mobile Gerät, auf dem eine Symbian Applikation läuft. Als Server dient ein PC, der mit dem Public Display verbunden ist. Der Client verbindet sich mit dem Server über http, der Datenübertragungsdienst ist GPRS[2]. Diese Art der Verbindung ist einer Verbindung über Bluetooth überlegen, die entscheidenden Vorteile sind Stabilität, Reichweite und Anzahl der Clients, die gleichzeitig verbunden sind.

---

[2] GPRS: General Packet Radio Service, paketorientierter Dienst zur Datenübertragung

Bei der Evaluation wurden durchwegs positive Reaktionen der Benutzer beobachtet. Die Entwickler konnten bei den Tests feststellen, dass bei der Interaktion mit der MobiLenin-Anwendung die Gruppenkommunikation gefördert und unterstützt wird.

2.2 Direkte Interaktion

Viele kommerzielle, öffentliche und halböffentliche Bildschirme bieten nur die Möglichkeit einer direkten Interaktion.

Das Produkt der SMART-Tech., die sog. *SMART Board Interactive Whiteboard* [5] oder *ActivBoard* der Firma Promethean [6] setzen auf Touchscreen-ähnliche Technologie, bei der die Inhalte mit einem Kurzdistanzprojektor auf eine weiße Tafel projiziert werden. Für die Interaktion muss der Bildschirm entweder mit einer Hand oder einem stiftähnlichen Gegenstand berührt werden. Eine andere Möglichkeit ist die Benutzung von Laserpointern, sozusagen als Verlängerung der Hand. Die Vorteile solcher Hilfswerkzeuge wurden in der Arbeit Laserpointer-Interaktion für große, hochauflösende Displays [7] beschrieben. Die Verfasser stellten eine flexible und skalierbare Interaktionsbibliothek vor, die Eingaben ohne Verzögerung, basierend auf dem Laserpointer-Tracking-Verfahren, möglich macht (Abbildung 4). Ein positiver Aspekt der direkten Interaktion ist *one-to-one mapping* oder *direct mapping* [8]: wenn der Benutzer eine Stelle am Display berührt bekommt er sofort Feedback (Rückmeldung).

Ein weiteres Forschungsprojekt, das sich mit der direkten Interaktion beschäftigt heißt *CityWall*. CityWall ist ein großes multi-touch Mehrbenutzer-Display, das im Zentrum von Helsinki von der Ubiquitous Interaction Group (Helsinki Institute for Information Technology) installiert wurde [11]. In der ersten Version der Anwendung wurden Fotos von flickr[3] mit dem Tag „Helsinki" in Echtzeit gezeigt. In der neueren Version von 2008 ist die Interaktion mit 3D-Objekten möglich [11]. Das System beschränkt sich nicht auf Fotos, sondern wurde auf Videos, Beschreibungen und Internet-Diskussionen ausgeweitet. Die Benutzer können eigene Fotos hochladen und anschauen. Untersucht wurden nicht nur das Interface und Usability-Kriterien, sondern auch soziale Interaktionen und soziales Verhalten der Nutzer.

Doch es gibt auch schwerwiegende Probleme im Zusammenhang mit dem direct-mapping Ansatz. Das erste Problem ist die Skalierbarkeit, d.h. wenn der öffentliche Bildschirm zu groß ist, ist eine direkte Interaktion fast unmöglich. Dies ist auch der Grund warum diese Art der Interaktion fast nur im semi-public-Bereich eingesetzt wird. Auch die Designkriterien wie Hygiene (*Sanitation*) und physische Sicherheit (*Physical Security*) [8] können nicht erfüllt werden. Die Bildschirme sind meistens empfindlich gegenüber Oberflächenverschmutzung, Kratzer etc., und müssen gut erreichbar angebracht werden, dadurch können sie aber vor Beschädigungen und Diebstahl nicht ausreichend geschützt werden.

---

[3] http://www.flickr.com/

Abbildung 4. Newsmap-Visualisierung auf der Konstanzer Powerwall und evaluierter Infrarotlaserpointer, aus [7]

2.3 Weitere Interaktionsmöglichkeiten

Schon in 1991 haben Carpenter et al. in [9] mit großen Menschengruppen experimentiert. Damals präsentierten die Entwickler ihr *Cinematrix Interactive Entertainment System*, bei dem Personen eines Kinosaals durch das Hochhalten von farbigen Schildern mit dem System interagieren konnten. In [10] wurde dieser Ansatz von den Autoren aufgegriffen und weiterentwickelt.

Im ersten Teil der Arbeit von Maynes-Aminzade et al. wurde die Kamera vor den Besuchern im Kinosaal aufgestellt. Durch den Einsatz von Bewegungsanalyse konnten die Menschen im Saal einen Rennwagen steuern oder den Schläger im Spiel „Pong" bewegen (siehe Abbildung 5). Die Video-Analyse in Echtzeit basiert nicht auf der Erkennung von einzelnen Personen, sondern auf der Template-Matching Methode. Zu Beginn, in der Kalibrierungsphase, werden Referenzbilder (*templates*) vom Publikum gemacht, die dann mit input-Bildern verglichen werden, um das Bild mit der größten Übereinstimmung zu bestimmen. Die drei Template-Bilder beim Spiel „Pong" zeigen folgende Situationen: 1. Die Menschenmenge lehnt sich nach links, 2. Die Menschenmenge lehnt sich nach rechts, 3. Die Menschenmenge sitzt ruhig. Solche Vorgehensweise erlaubt eine stabile Echtzeitbewegungserkennung mit relativ einfachen Bildverarbeitungsalgorithmen [10].

Abbildung 5. Die Menschenmenge im Kinosaal spielt „Pong", indem sie sich zur Seite lehnt, aus [10]

3 Offene Fragen und zukünftiger Forschungsbedarf

3.1 Interaktionen im öffentlichen Raum

Die in dieser Arbeit vorgestellten, unterschiedlichen Interaktionsformen eröffnen völlig neue Möglichkeiten für den Einsatz von Großbildschirmen in der Öffentlichkeit. Leider gibt es bislang kaum Forschungsprojekte im Bereich der Interaktion im öffentlichen Raum, viele Arbeiten beschränken sich auf den semi-public Bereich, d.h. das System ist nur für eine bestimmte Gruppe an Menschen zugänglich. Diese Anwendungen können theoretisch auch auf den öffentlichen Raum übertragen werden, doch dieser „Location-Wechsel" muss erneut wissenschaftlich untersucht werden.

3.2 Kombination mehrerer Interaktionsarten: hybrides System?

Die Projekte wie MobiLenin [2], Laserpointer-Interaktion [7] oder CityWall [11] benutzen nur eine konkrete Interaktionsform, und erkennen dann ihre Vor- und Nachteile bei der Evaluation. Ein anderer Forschungsansatz wäre, mehrere Interaktionstechniken in einem Projekt miteinander zu kombinieren. Ein mögliches Szenario bei dem Einsatz vom MobiLenin-System ist z.B.: Ich möchte in einer Bar, in der alle aktiv mit der MobiLenin-Anwendung interagieren, auch an der Abstimmung teilnehmen, doch ich stelle fest, dass ich mein Mobiltelefon vergessen habe. Wie kann ich auch ohne ein mobiles Gerät mich an der Abstimmung beteiligen? Die Antwort auf diese Frage gibt mir nur ein hybrides System, das viele Interaktionsmöglichkeiten bietet.

3.3 Zielgruppen eines Systems, Direkte vs. Indirekte Interaktion

Außerdem gehen die bisherigen Forschungsarbeiten kaum auf die Fragen ein, an welche Benutzergruppen sich das entwickelte System wendet. Ist das System überhaupt für alle akzeptabel? Gibt es kulturelle Unterschiede, die man beim Design und Implementierung beachten muss?
Eine interessante Forschungsfrage wäre auch nach geeigneten Interaktionsformen. In welcher Situation und unter welchen Bedingungen ist die direkte Interaktion mit dem Public Display besser als indirekte? Der direkte Vergleich findet bei den einzelnen Projekten überhaupt nicht statt. Interessant wäre es zu beobachten, wie z.B. die MobiLenin-Anwendung aus dem semi-public in den public-Bereich („auf die Straße") übertragen werden kann. Anschließend könnten die Ergebnisse von zwei Evaluationen verglichen werden.

3.4 Schutz von personenbezogenen Daten

Das Thema Datenschutz spielt heutzutage auch eine wichtige Rolle. Deshalb muss man sich vor allem bei den Mehrbenutzer-Anwendungen wie WebWall [1] oder CityWall [11] damit beschäftigen. Das bedeutet es sollen Wege gefunden werden, wie persönliche Daten (z.B. eigene Bilder, Bildbeschreibungen, Videos) sicher gespeichert, aber auch später gelöscht werden können.

3.5 Motivation der Nutzer, psychologische Hintergründe

Bislang kaum erforscht sind die Motivationsgründe, sowie soziale Interaktion zwischen den Nutzern. Was bringt den Menschen dazu, in Richtung des Public Display zu gehen und warum interagiert er später mit dem System bzw. geht einfach weiter? Da viele Projekte sich stark auf technische Beschreibungen der Anwendungen konzentrieren, werden das soziale Verhalten und Motivationsfaktoren kaum untersucht. Besonders stark sind die Bildschirme im öffentlichen Raum betroffen, die für alle frei zugänglich sind. Hier haben die Menschen meistens wenig Zeit, begrenzte Aufnahmekapazität und Konzentrationsprobleme, da sie von anderen Personen gestört werden können.

Literatur

1. Ferscha, A., Vogl S.: *Pervasive web Access via Public Communication Walls*. Proceedings of the 1st International Conference on Pervasive Computing (Pervasive 2002), Springer LNCS, Zurich, Switzerland, Vol. 2414, ISSN: 0302-9743, pp. 84-97, August 2002.
2. Scheible, T. O. J. (2005), *MobiLenin – Combining A Multi-Track Music Video,Personal Mobile Phones and A Public Display into MultiUser Interactive Entertainment*, in 'Proceedings of ACM Multimedia' , ACM Press, Singapore, , pp. 198- 208.
3. Keith Cheverst, Alan Dix, Daniel Fitton, Chris Kray, Mark Rouncefield, Corina Sas, Gerorge Saslis-Lagoudakis, Jennifer G. Sheridan. *Exploring Bluetooth based Mobile Phone Interaction with the Hermes Photo Display*. Mobile HCI 2005, ACM Press 2005, 47-54
4. Streitz, N., Prante, T., Röcker, C., Alphen, D.V., Magerkurth, C., Stenzel, R., Plewe, D.: *Ambient displays and mobile devices for the creation of social architectural spaces: Supporting informal communication and social awareness in organizations*. In O'Hara, K., Perry, M., Churchill, E., Russel, D., eds.: Public and Situated Displays: Social and InteractionalAspects of Shared Display Technologies, Netherlands, KluwerAcademic Publisher (2003) 387-409
5. SMART Technologies Inc.: SMART Board interactive whiteboards. http://www.smarttech.de

6. Promethean GMBH: Interactive Whiteboards, ActivBoard. http://www.prometheanworld.com/
7. König, W. A., Bieg, H.-J., & Reiterer, H. (2007). *Laserpointer-Interaktion für große, hoch-auflösende Displays*. Proceedings of the Mensch & Computer, 69-78.
8. Rafael Ballagas; Michael Rohs; Jennifer Sheridan; Jan Borchers: *BYOD: Bring YourOwn Device*. Workshop on Ubiquitous Display Environments in conjunction with UbiComp 2004,Nottingham, UK, 2004.
9. Carpenter, L., Cinematrix, *Video Imaging Method and Apparatus for Audience Participation*. US Patents #5210604 (1993) & #5365266 (1994).
10. Dan Maynes-Aminzade, Randy Pausch, Steve Seitz. *Techniques for Interactive Audience Participation*. New York, NY : ACM, 2002. ACM SIGGRAPH. pp. 257-257.
11. CityWall, http://citywall.org/, Stand: 31.08.2011